Inhalt

Predictive Analytics - Hellsehen ist keine Hexerei

Kernthesen

Beitrag

Fallbeispiele

Weiterführende Literatur

Impressum

Predictive Analytics - Hellsehen ist keine Hexerei

Harald Reil

Kernthesen

- Predictive Analytics (PA) steht und fällt mit Big Data. Denn je größer die Datengrundlage, desto höher ist auch die Wahrscheinlichkeit einer korrekten Prognose.
- Viele Konzerne setzen PA-Tools bereits mit Gewinn ein. Der Mittelstand ist zwar noch verhalten, wird aber bald nachziehen.
- Die Analyse großer Datenmengen läutet einen Paradigmenwechsel ein: Predictive Analytics wird seinen Vorläufer Descriptive Analytics bald ersetzen.

Beitrag

Bier mit Windeln verkauft sich gut - vor allem samstags

Was haben stinknormale Windeln mit süffigem Gerstensaft zu tun? Ganz einfach: Männer, die von ihren Ehefrauen am Samstag zum Windelkauf verdonnert werden, nutzen die Gelegenheit, um auch gleich noch den einen oder anderen Sixpack Bier in den Einkaufswagen gleiten zu lassen. Auf Grundlage dieser Korrelation hat eine Supermarktkette, der dieser Zusammenhang aufgefallen war, überaus profitable Cross-Selling-Konzepte entwickelt. Dazu muss man noch lange kein Hellseher sein, mögen Kritiker einwenden, die von sich behaupten, in der gekränkten Männerseele wie in einem offenen Buch lesen zu können. Der geknechtete Herr im Haus päppelt im vorliegenden Fall sein beschädigtes Selbstwertgefühl wieder auf, indem er das tut, was richtige Männer eben tun: Er kauft eine Ladung Gerstensaft, fühlt sich wieder jung, ohne Verantwortung und daher vogelfrei - eine typische Übersprunghandlung also. Das mag zwar richtig sein, im Grunde genommen funktioniert aber genau so Predictive Analytics; also die Vorhersage von Ereignissen, die aller Wahrscheinlichkeit nach eintreten werden - nur ist die Datenmenge für eine richtige PA ungleich größer. Wer aus dem Bier-Windel-Beispiel folgert, dass damit kein Staat zu machen sei, täuscht sich gewaltig: Predictive Analytics ist ein machtvolles Instrument, um Kundenverhalten vorherzusagen, Marketingmaßnahmen darauf abzustimmen, Verkaufskonzepte zu entwickeln, den Profit zu steigern - oder sogar Verbrechen zu bekämpfen. Kurz: PA entwickelt sich gerade zum Megatrend. (1)

Big Data sind die ideale Ausgangsbasis für treffsichere Prognosen

Grundlage von Predictive Analytics sind Daten, jede Menge Daten, um genau zu sein. Der Fachjargon nennt sie daher auch Big Data. Im Zeitalter der Technologierevolution, deren erstaunte Zeugen wir sind, ist es kein Problem, an diese Informationen zu gelangen. Tag für Tag generieren moderne Massenkommunikationsmittel 2,5 Trillionen Info-Bytes. Allein während der vergangenen zwei Jahre sind so 90 Prozent der Daten entstanden, die die Welt bisher gesehen hat. Für statistische Untersuchungen ist diese schier unermessliche Zahl natürlich die ideale Ausgangsbasis. Denn je größer die

Datenmenge, desto genauer die Ergebnisse. Dass diese Fähigkeit, Entwicklungen vorherzusagen, in Zukunft immer wichtiger werden wird, zeigt eine Studie, die Accenture unter dem Titel "Deutschlands Top500 - Neue Chancen für Wachstum in volatilen Zeiten" veröffentlicht hat. (1), (3)

Investitionen in PA-Tools werden zunehmen

Ausgehend von der Beobachtung, dass es für die 500 umsatzstärksten deutschen Unternehmen immer schwieriger wird, sich an der Spitze zu halten, stellt die Unternehmensberatung fest, dass es 34 von ihnen dennoch gelungen sei, mit der letzten Wirtschaftskrise viel besser zurechtzukommen als die übrigen 466 Konzerne. Für Accenture ist das kein Zufall. Die Top-Performer hätten es geschafft, die Risiken, die mit den Konjunkturschwankungen verbunden gewesen seien, viel besser einzuschätzen und daher auch bei weitem effizienter darauf zu reagieren als die Konkurrenz. Die ungeheure Komplexität dieser Aufgabe lasse sich aber nur mit adäquaten Predictive-Analytics-Tools leisten. Da der Wettbewerb in Zukunft nicht weniger wird, wird das geschickte Management von Risiken und Volatilitäten daher auch zunehmend an Bedeutung gewinnen. Es steht deshalb zu erwarten, dass auch die Investitionen in PA-Software steigen werden. (3)

Business Intelligence steht vor einem Paradigmenwechsel

Stimmt diese Einschätzung, dann steht der Wirtschaft schon in Kürze ein veritabler Paradigmenwechsel ins Haus. Business Intelligence wird dann nicht mehr die Aufgabe zukommen, relativ zeitnah den Status Quo zu dokumentieren, sondern anhand von großen Datenmengen Vorhersagen zu treffen und entsprechend darauf zu reagieren. Oder eingängiger ausgedrückt. Predictive Analytics gehört die Zukunft, Descriptive Analytics schon bald zum alten Eisen. (4), (6).

Trends

Auch der Mittelstand zeigt an PA-Tools Interesse

Dass der Mittelstand tatsächlich größere Investitionen in PA-Tools plant, hat eine Studie zutage gefördert, die die Unternehmen Board, Cubeware, IBM und Jaspersoft in Zusammenarbeit mit dem Business Application Research Center (BARC) veröffentlicht haben. Darin heißt es, dass bisher zwar erst 17 Prozent der befragten mittelständischen Unternehmen auf Predictive Analytics vertrauten, 56 Prozent aber künftig in PA-Lösungen investieren wollten. Der Titel der Untersuchung: "Business Intelligence im Mittelstand 2011/2012 - Status quo, Ausblick und Empfehlungen". (5)

Fallbeispiele

Predictive Analytics ist nicht mehr zu stoppen

Dass Predictive Analytics ein Trend mit großem Potenzial ist, hat auch die diesjährige CeBIT widergespiegelt. Auf der weltweit größten Messe für Informationstechnik stand die Nutzung großer Datenmengen für Prognosezwecke im Mittelpunkt des Interesses. Prof. Dr. Michael Feindt, Gründer und Chief Scientific Advisor von Blue Yonder, eines Unternehmens, das sich auf PA spezialisiert hat, hält vor allem die Analyse großer Datenmengen in Verbindung mit Cloud Computing für zukunftsträchtig. Flexible Nutzungs- und

Abrechnungsmodelle könnten PA auch schon bald für Mittelständler interessant machen. Die CeBIT-Paneldiskussion mit internationalen Experten stand unter dem Motto: "Cloud Computing - a Vision for 2015 and Beyond: How to be Successful at the Global Cloud Market (Lessons, Challenges, Success Factors)". (1), (2)

Größter genossenschaftlicher Gemüsegroßmarkt Deutschlands vertraut auf PA

Die Produktionsgenossenschaft Pfalzmarkt, der größte genossenschaftliche Gemüsegroßmarkt Deutschlands mit Sitz im rheinland-pfälzischen Mutterstadt, vertraut seit letztem Jahr auf Predictive Analytics und setzt zu diesem Zweck eine entsprechende Software ein. Mit ihrer Hilfe lassen sich eventuelle Lieferengpässe prognostizieren. Dazu sammelt das Tool Wetterinfos und korreliert diese mit Daten über Ernteerträge vergangener Jahre. Die Ergebnisse helfen dann zum Beispiel bei der Personalplanung. Konkret: Wie viele Erntehelfer müssen eingesetzt werden, um unter bestimmten Voraussetzungen eine definierte Menge an Produkten auf den Markt zu bringen? (2)

IBM hat drei neue PA-Tools entwickelt

IBM hat für seine Kunden drei PA-Tools entwickelt, die sie dabei unterstützen sollen, gegen Finanzbetrug vorzubeugen, das Verhalten von Klienten zu prognostizieren und Risiken besser einzuschätzen. Das Programm gegen Finanzbetrug ist vor allem für Ämter, Gesundheitseinrichtungen und Versicherungen interessant. Es soll beispielsweise in der Lage sein, Falschanträge zu identifizieren. Das Risiko-Management-Tool hilft bei der Einschätzung von Finanzrisiken und der Vorhersage wirtschaftlicher Entwicklungen. (7)

Kriminalitätsrate in Memphis ist dank PA-Tools um 30 Prozent gesunken

Dass sich Predictive Analytics auch hervorragend zur Verbrechensbekämpfung eignet, zeigt das Beispiel der Elvis-Stadt Memphis im US-Bundesstaat Tennessee. Dort soll sich mithilfe eines PA-Tools, das IBM entwickelt hat, die Kriminalitätsrate seit 2006 um rund 30 Prozent verringert haben. Auch Gesetzeshüter in Kalifornien, Florida und Kanada setzen bereits auf ähnliche Systeme. In Deutschland arbeitet das Bayerische Landeskriminalamt (LKA) mit einem Stochastiker von der Universität Ulm an einem Pilotprojekt zur Verbrechensbekämpfung auf Grundlage statistischer Methoden. (8)

Weiterführende Literatur

(1) Mathe trifft auf Datenflut
aus ITBN Nr. 005 vom 05.03.2012 Seite 4

(2) Präziser Blick in die Zukunft
aus Handelsblatt Nr. 077 vom 19.04.2012 Seite 56

(3) An der Spitze wird die Luft immer dünner
aus Welt am Sonntag, 08.01.2012, Nr. 2, S. 34

(4) Alles Realtime oder was?
aus Computerwoche, 12.03.2012, Nr. 11

(5) Business Intelligence ist im Mittelstand angekommen
aus "it&t-business" Nr. 05/2012 vom 20.04.2012 Seite: 31

(6) Predictive Modelling und Big Data
aus ChannelPartner.de, Meldung vom 05.04.2012

(7) IBM schnürt Analytics-Pakete
aus Computerwoche, 26.03.2012, Nr. 13

(8) Mathematik des Verbrechens

aus DIE WELT, 07.11.2011, Nr. 260, S. 22

Impressum

Predictive Analytics - Hellsehen ist keine Hexerei

Bibliografische Information der deutschen Nationalbibliothek

Die Deutsche Nationalbibliothek verzeichnet diese Publikation in der deutschen Nationalbibliografie; detaillierte bibliografische Daten sind im Internet über http://dnb.d-nb.de abrufbar.

ISBN: 978-3-7379-0387-5

© 2015 GBI-Genios Deutsche Wirtschaftsdatenbank GmbH, Freischützstraße 96, 81927 München, www.genios.de

Alle Rechte vorbehalten. Dieses Werk ist einschließlich aller seiner Teile – z.B. Texte, Tabellen und Grafiken - urheberrechtlich geschützt. Jede Verwertung außerhalb der Grenzen des Urheberrechtsgesetzes bedarf der vorherigen Zustimmung des Verlags. Dies gilt insbesondere auch für auszugsweise Nachdrucke, fotomechanische Vervielfältigungen (Fotokopie/Mikroskopie), Übersetzungen, Auswertungen durch Datenbanken oder ähnliche Einrichtungen und die Einspeicherung und Verarbeitung in elektronischen Systemen.